Der Grund, ein Buch wie dieses

zu schreiben,

ist nie, reich damit zu werden,

ist nie, berühmt zu werden,

sondern allein,

einen neuen Gedanken zu kreieren,

um die Sicht auf das Leben

von einer anderen Perspektive aus,

sehen zu können.

Günter Pohl 2022

© 2022 Günter Pohl

Herstellung und Verlag: BoD — Books on
Demand, Norderstedt

ISBN: 9783756221431

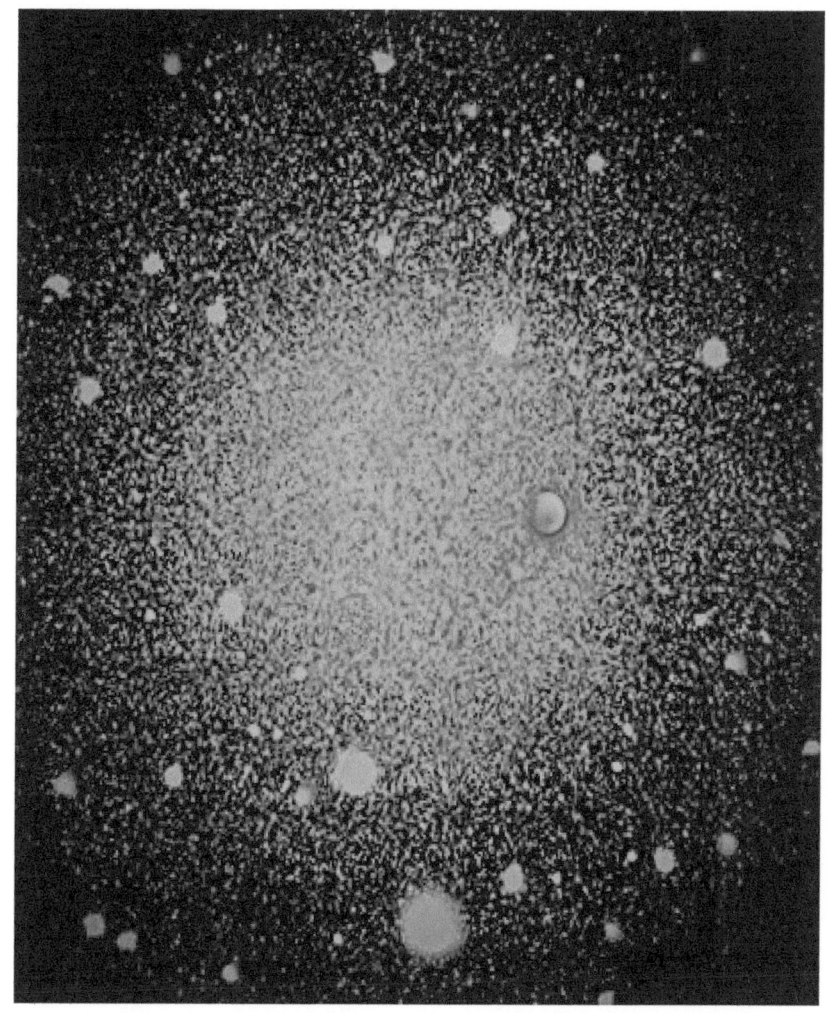

Zu Füßen

des

Allerhöchsten

Kosmische Eingebungen

בראשית ברא

אלהים

את השמים

ואת הארץ

Bereshit bara Elohim

et hashamayim ve'et haarez

Am Anfang schuf Gott

Himmel und Erde.

(Gen.1,1)

Inhaltsverzeichnis

Vorwort

Das vierte religionsphilosophische Buch von

Günter Pohl beinhaltet das Thema Kosmos - im

weitesten Sinn. Was kein moderner Theologe

heute mehr wagen würde, das tut er unbeschwert

und mutig: Er redet vom großen Universum und

seiner göttlichen Entstehung bis hin zum kleinen

Mikrokosmos. Und alles ist für ihn Teil Gottes.

Oder sollte man viel mehr sagen: Nicht er, der

Autor, redet, sondern er lässt Gott selbst zu Wort

kommen. In einem imaginären Gespräch eines

gottergebenen Schülers, der zu Gottes Füßen

sitzt, bekommt er Antworten auf seine Fragen.

Es bleibt jedem Leser selbst überlassen, ob er

diese Gedanken als Spinnerei abtut oder ob er

sich auf diese einlässt und sei es nur als

Fantasiespielerei.

Der Autor jedenfalls scheint keine gedanklichen

Schranken zu kennen. Jedenfalls lässt er sich

keine Denkverbote auferlegen. Denn die

Legitimation für sein Tun schöpft er nicht so sehr

aus einer vermeintlich unfehlbaren Logik,

sondern aus der Intuition, welcher er, wenn sie

auf Gott ausgerichtet ist, mehr Wahrheit zutraut.

Letztendlich ist das vorliegende Büchlein

eine komprimierte Zusammenfassung seiner

religionsphilosophischen Weltanschauung.

Einführung

Wer in die Stille geht und auf sein Herz hört,
seinen Geist auf das höhere Selbst richtet, der
kann eine Ahnung von dem Geheimnis des
Lebens bekommen.

Er sollte sich von allen Vorurteilen und
Lehrmeinungen frei machen, sich von keiner
vermeintlichen Autorität leiten lassen, sei sie auch
noch so sehr allgemein anerkannt oder
wissenschaftlich legitimiert.

Gab es nicht in allen vergangenen Jahrhunderten
neue Erkenntnisse und wurden nicht die alten
Lehren sodann zu späterer Zeit über Bord
geworfen?

Wie sollte man meinen, das träfe heute nicht mehr zu? Die Zukunft wird voller Überraschungen sein und vieles von dem, was heute Gemeingut der Gedanken ist, mit einer Wucht zerstören. Dann wird man fragen: Wie konnten wir nur so blind sein? Und so wird es weitergehen, solange menschliches Leben besteht.

So kann man die Wahrheit also nur erfassen, wenn man den Pfad der reinen Logik - vorerst - ein wenig beiseite lässt und dem tieferen Weg der Intuition folgt.

So wird mancher fragen: Ja, gibt es denn außer der Vernunft noch eine andere Quelle der Erkenntnis? Darauf lässt sich mit einem

deutlichen Ja antworten. Der logische Geist ist gut
und notwendig – für das Überleben im Alltag, im
Hier und Jetzt. Wenn es aber um höhere Dinge
geht, ist er sehr mangelhaft.

Welche Quelle soll es denn geben, um weitere
Erkenntnisse zu bekommen?

Statt des Kopfes, ist es das Herz oder das höhere
Selbst. Dieses ist Teil einer Trinität des Menschen,
wie das tiefere und mittlere Selbst. Das mittlere ist
die Logik, das tiefere das Unbewusste und das
oberste das höhere Selbst.

Dieses hat Teil an dem Geist des Kosmos, wie ein
Tropfen Wasser Teil des großen Meeres ist. Und
dieser Geist des Kosmos ist wiederum ein Teil

eines noch höheren, nämlich dem, den man Gott nennt. Und schon regen sich bei manchem Leser Zweifel. Er braucht nur das Wort „Gott" hören und schon trifft ihn die eingefleischte „Aufklärung" der letzten Jahrhunderte, wo man glaubte, Gott entmythologisiert zu haben, wo man ausrief: „Gott ist tot!". Nun mag es sein, dass der Gott des logischen Denkens tatsächlich tot ist. Aber eben nur dieser. Besser hätte man ausrufen sollen: Die logische Vernunft ist tot, mit welcher wir Gott zu verstehen glaubten! Aber stattdessen hob man die Vernunft auf das göttliche Podest, was ihr aber nicht zusteht.

Deshalb wollen wir uns - Sie und ich - bei diesen Überlegungen frei machen von unserem vorgestellten Gott, der von einer unvollkommenen Vernunft kreiert ist. Nicht befreien wollen wir uns von Gott selbst, der ja das Leben an sich ist. Wollten wir das wirklich tun und Gott negieren, so negierten wir zugleich unser Leben. Der wirkliche, wahrhaftige Gott, der Synonym für das große, das tiefe und hohe Leben ist, den wollen wir verehren und mit dem wollen wir Gemeinschaft haben. Das ist vernünftig. Denn dieses Leben kommt von dort, existiert im Jetzt und wird unsere Zukunft sein. Wie könnten wir den Ast absägen, auf dem wir sitzen?

Mit unserem höheren Selbst, das intuitiv erfasst werden kann, wollen wir Gottes Geheimnisse erkunden.

Nicht mit dem einseitigen Denken, sondern mit dem mehrdimensionalen, höheren Selbst wollen wir es tun. Damit der tief sitzende Zweifel nicht angetriggert wird, soll ER, also GOTT, der Schöpfer und die Kraft des Universums, der ALLERHÖCHSTE genannt werden.

Zu Füßen des Allerhöchsten

Schüler: Mein Herr und mein Gott, Du Allerhöchster! Ich möchte Dich befragen über das Leben und seinen Sinn und alle seine Geheimnisse. Im Geiste setze ich mich Dir zu Füßen und will lauschen, was Du mir zu sagen hast.

Allerhöchster: Warum willst du das wissen? Treibt die Neugier dich?

S.: Oh, nein, mein Herr und Gott! Ja, vielleicht auch ein wenig. Aber hauptsächlich verlangt mein Herz nach Dir. Ich möchte Dir, meinem Geliebten, nahe sein.

A.: Dann will ich deine Fragen hören. Wenn ich finde, dass du reif für die Antworten bist, will ich sie dir gewähren. Du musst aber wissen, dass meine Antworten für jeden Menschen anders ausfallen, weil jeder Mensch anders ist und weil die Wahrheit des Lebens multidimensional und nicht flach ist.

Das Leben, wie du leicht denken magst, ist nicht ein Ding und eine Sache, welche man einfach so untersuchen könnte.

Das Leben ist lebendig und unendlich vielfältig.

Jedem Lebewesen, von der Amöbe angefangen bis zum höchst entwickelten Bewohner des Universums, zeigt es sich anders und entfaltet sich anders.

Und jedes Leben von diesen ist einmalig und besonders und dennoch gehört jedes von ihnen zum Ganzen.

Deshalb gebe ich einem jeden Wesen eine solche Antwort, die es nach seinem Verständnis auffassen kann. Wenn du also Antwort von Mir bekommst, dann denke daran und sei dir im Klaren, dass sie dir nur ansatzweise offenbaren wird von dem, was das Leben in seiner Allumfasstheit in Wahrheit ist.

S.: Oh, ich danke Dir für Deine Güte, Dich mir geringem Geschöpf zu nahen!

A.: Also dann, beginne deine Fragen!

S.: Herr, mein Gott, die erste Frage soll die nach Deiner Wahrheit sein. Viele Menschen fragen immerfort: Wer ist denn Gott? Und so möchte ich mit dieser Frage beginnen. Wer bist Du?

A.: Wenn ich dir bei der Frage nach dem Leben schon nicht die volle Antwort geben kann, da du kein vollkommenes Wesen bist und du die vollkommene Wahrheit des Lebens nicht erfassen

kannst, wie soll ich dir dann von mir erzählen, da
ich größer bin als das Leben? So will ich denn
hinabsteigen zu deinem Verstande und dir so
antworten, dass du es verstehst:

Ich bin der Ursprung von allem.

Ich bin ungeschaffen und ewig.

Ich bin unendlich und in jedem Ding,

in allem, was es gibt.

Ich bin die Fülle von allem,

denn vor mir gab es nichts außer mir

und nach mir wird es nichts außer mir geben.

Da ich alles in allem bin, und neben mir nichts

größeres existiert, so ist alles, was ist, aus mir

geschaffen.

Alles, was ist, ist ein Teil von mir. Wie sollte es anders sein, wenn ich doch alles in allem bin?! Somit ist alles in einem gewissen Sinne göttlich, denn es ist aus mir.

Wenn ich von Schöpfung spreche, so darfst du dir nicht vorstellen, dass ich Hände hätte wie du, mit denen ich etwas gestalte. Mein Erschaffen ist mein Denken. Wenn ich etwas denke, wird es sofort Wirklichkeit, weil es sogleich etwas bewirkt.

Du nennst mich den Allerhöchsten. Das ist richtig, denn ich bin dort, wo sonst niemand hin kommt. Zugleich bin ich aber auch der Allerniedrigste, denn ich bin auch dort, wo niemand sonst hinschauen kann.

Wie sollte es anders sein, da ich doch alles in allem

bin und die Fülle.

Somit sei dir gewiss, dass ich stets überall

Gegenwart bin, wo auch immer etwas sei.

Alles bin ich. Ohne mich gibt es nichts.

Ich bin der Ursprung von allem und der Erhalter

und Vernichter von allem.

Ich bin die Kraft des Lebens.

Ich bin das Leben, wie ich auch vor dem Leben,

das du kennst, war und nach dem Leben, das du

kennst, sein werde.

Ohne mich kann nichts existieren. Wenn auch

alles von mir durchdrungen ist, und alles somit

göttlich ist, so darfst du trotzdem nicht meinen,

dass alles vollkommen sei. Denn mein Bestreben war es, dass jedes Lebewesen, so wie ich, frei sein soll und sein Leben so gestalten kann, wie es selbst will. Denn jedes von allen ist göttlichen Ursprungs und soll sich frei entfalten.

S.: Wenn Du alles in allem bist, dann hast Du gewiss auch keine Gestalt, denn das Universum und alles Leben ist dann ja sozusagen dein Körper.

A: Das ist nur bedingt richtig. Einerseits bin ich die Gestalt von allen Einzelnen und andererseits bin ich die Gestalt von der Gesamtheit.

Darüber hinaus kann ich jede Gestalt annehmen, die ich will. Du wirst in allen Heiligen Schriften lesen, dass die verschiedenen Menschen, die mich hören und sehen durften, mich verschieden wahrgenommen haben. Ich bin einem jeden so erschienen, wie er mich mit seinen Fähigkeiten und Verständnissen erfassen konnte. Das betraf sowohl die Wortwahl, die ich wählte, als auch mein Aussehen.

S.: Wenn Du jemandem erscheinst, dann kannst Du ja nicht bei einem anderen sein....

A.: Wie begrenzt du doch denkst!

Meinst du denn, ich bin so einseitig?

Wenn ich erscheine oder mich inkarniere,

so ist das jeweils nur ein geringer Teil von mir.

Ich kann mich aufteilen, soviel ich will und

bleibe doch immer der Eine. Ich lasse mich

erkennen an unzähligen Orten deiner Welt

und in unzähligen anderen Welten.

Habe ich dir denn nicht gesagt, dass ich unendlich

und unbegrenzt bin?

S.: Es waren nur wenige, denen Du Dich gezeigt

hast.

A.: Und nur wenige, mit denen ich mich unterhalte, wie mit dir. Du darfst dich glücklich schätzen, auserwählt zu sein.

S.: Mein Herr und Geliebter! Bin ich denn etwas Besonderes, dass Du so an mir handelst?

A.: Du bist etwas Besonders, so wie jedes Lebewesen in diesem Universum etwas Besonderes ist. Denn ich habe einem jeden von ihnen die Möglichkeit gegeben, mich zu vernehmen.

S.: Aber mein Herr, ich kenne aber so wenige, die je mit Dir reden durften oder Dich gar schauen.

Wie soll ich Deine Worte verstehen?

A.: Es gab Zeiten, lange vor dir, wo das normal

war. Aber die meisten haben sich von mir

abgewandt und deshalb fällt es ihnen so schwer,

mich zu vernehmen.

Ja, es ist noch schlimmer, es fällt ihnen sogar

schwer, meine Existenz überhaupt für wahr zu

halten.

Ich habe aber jedem die Möglichkeit gegeben,

durch reine Intuition, meine Gegenwart zu

erkennen.

In Wahrheit ist es ganz leicht, mich zu vernehmen.

Denn da ich in jedem Ding bin und es nichts gibt,

wo ich nicht bin, kann jeder, wenn er seine Augen und Ohren auftut, mich sehen und hören. Er kann die Blumen anschauen und mich darin erblicken, er kann zu den Bergen schauen und mich sehen und er kann in den Klängen einer guten Symphonie meine Harmonie erkennen. Auch kann er in einer liebenden Zuwendung eines Menschen mein Wesen erfühlen. Alles in deiner Welt zeugt von mir. Denn - ich sage es immer und immer wieder - ich bin in Allem gegenwärtig! Jedem Menschen habe ich ein inneres Empfinden eingepflanzt, mit dem er mich erfahren kann. Leider ist bei vielen dieses sehr verschüttet.

S.: Aber Herr, wenn Du überall bist, warum finden denn unsere Wissenschaftler Dich denn nicht, wenn sie alles untersuchen?

A.: Es gab Wissenschaftler, die haben bei ihren Forschungen ausrufen dürfen: „Oh, wie wunderbar ist doch alles wohl geordnet und aufgebaut! Oh, ich sehe das Werk Deiner Hände, oh, Herr!" Aber viele sehen nichts von mir, weil sie nichts sehen wollen.

Dabei ist es ganz einfach. Die selben Menschen können, wenn sie eine Maschine sehen, sehr wohl verstehen, dass es einen gegeben haben muss, der sie erfunden und gebaut hat.

Bei der Natur, die sie erforschen, denken sie jedoch bloß: Alles ist einfach so von allein geworden.

Ich sage dir etwas: Nichts auf der Welt ist einfach so geworden.

Ein jedes Ding und ein jedes Wesen brauchte einen geistigen Impuls und Ursprung, um zu sein.

Auch wenn diese Ungläubigen eine Blume auf

einer Wiese wachsen sehen, rufen sie: „Sieh doch! Ganz von allein kommt sie hoch und wächst ganz von allein".

Denn sie sehen nicht die geistige Energie und die geistige Idee, die voraus geht. Sie denken: Natürliche Dinge entstehen von allein und künstliche Dinge brauchen einen Kreator. Nur weil sie sehen, dass Bäume, Pflanzen, Blumen ohne ein scheinbares Zutun hochwachsen, denken sie, dass es dort keinen Schöpfer braucht. Natur erschafft sich selbst ihrer Meinung nach. Aber sie denken das nur deshalb, weil sie den Schöpfer, der davor und dahinter steht, nicht sehen. Und was sie mit ihren Augen nicht sehen können, das kann es wohl nicht geben. Wissen sie

denn nicht, dass die Augen nur bestimmte

Frequenzen sehen können, dass ihre Ohren nur

bestimmte Töne hören können und so fort?

Es gibt Tiere, die können viel mehr sehen und viel

mehr hören als der Mensch. Alle Sinne der

Lebewesen sind begrenzt. Manchmal geschieht es,

dass die Begrenzungen beiseite geschoben werden

wie ein Vorhang und man sehen kann, was hinter

allem steckt.

S.: Mein Herr und Schöpfer, Du Urgrund des

Universums! In den kleinen Dingen unseres

Planeten kann ich sehr wohl Deine

Gesetzmäßigkeiten klar erkennen. Doch die meisten unserer Wissenschaftler sehen in ihnen nichts Göttliches. Auch sehen sie nicht im Universum Deine Gegenwart. Sie sagen, auch das Universum sei einfach so geworden, durch einen Urknall, der von allein mal entstanden sein soll. Aber sie wissen nicht, wie sie es beweisen sollen. Sie wissen nicht, was vorher war. Sie glauben eher, dass das Universum von allein entstanden sei, als dass sie annehmen möchten, dass Du dahinter stehst. Erkläre mir doch bitte dieses Geheimnis!

A.: Oh, mein kleiner Wissbegieriger! Du willst sehr

viel wissen. Aber das freut mich. Ich wünschte mir

mehr von deiner Sorte. Mir gefällt gar nicht, dass

den meisten Menschen egal ist, warum sie leben,

wo sie herkommen und wo sie hingehen. Und mir

missfällt, dass diejenigen, die das interessiert,

mich nicht fragen, sondern ihren

unvollkommenen Verstand gebrauchen.

Sie dürfen ihn sehr wohl gebrauchen, aber ihnen

ist nicht bewusst, dass er begrenzt ist und ihnen

ist nicht klar, dass ich ihnen eine göttliche

Intuition mitgegeben habe. Sie vertrauen dieser

Intuition nicht, denn sie denken, dass nichts so

wichtig ist, wie der Verstand. Doch dazu erzähle

ich dir später mehr.

Zuerst möchte ich dir etwas über das Universum

erzählen. Wie du bereits weißt, bin ich der

Ursprung des Universums. Ich war bereits vor

dem sogenannten Urknall. Und denke bloß nicht,

dass vor dem Entstehen des Alls das reine Nichts

war! Denn vor dem Beginn gab es auch schon

Welten. Und davor auch und davor auch. Wie

sollte es anders sein? Wie du bereits weißt, bin ich

ewig. Es gab keinen Anfang für mich und es wird

kein Ende für mich geben. Und wie du ebenfalls

bereits weißt, entstehen die Welten durch mein

Denken.

Wie sollte ich sein, ohne zu denken? Also

entstehen meine Gedanken ständig und werden

Wirklichkeit.

Du brauchst nicht zu meinen, ich, der Ursprung

von allem, sei eine unbewusste Kraft. Ich, dein

Gott, bin das Leben, das absolute Sein. Ohne

Reflexion ist Leben und Sein nicht wirklich.

Ich bin die absolute Bewusstheit und das absolute Sein!

Du brauchst auch nicht zu meinen, dass ich nur bewusst bin und aus reiner Logik bestehe. Wie sollte ich fühlende Wesen erschaffen können, wenn ich nicht selbst fühlen könnte? Auch ihr Menschen könnt nur etwas erschaffen, wenn ihr kennt, was ihr kreiert. Wie wollt ihr eine Maschine bauen, wenn ihr keine kennt? So auch ich: Wäre ich nicht fühlend, könnte ich keine empfindenden Kreaturen erdenken und erschaffen.

Ich bin also auch absolutes Gefühl.

Jedoch besteht ein gravierender Unterschied zwischen den erschaffenen Wesen und mir.

Ich bin die absolute Glückseligkeit.

Denn ich bin vollkommen. Das absolute Glück ist

der ursprüngliche Zustand von allem, da

ursprünglich alles bei mir war. Erst durch das

Entfernen von mir, entstand das Leid.

Wie du jetzt weißt, gab es vor der dir bewussten

Welt viele andere Welten. Denn ich bin ja ewig

und meine Gedanken sind ewig und deshalb auch

die Universen.

Ich kreiere ständig neue Welten, von Ewigkeit an.

An jedem meiner neuen Tage kreiere ich neu. Und

nachts lass ich alles wieder vergehen.

Ein Tag bei mir, ist ein Zyklus des Universums in

seinem Entstehen und Vergehen.

Wie eure Wissenschaftler schon erkannt haben, ist die Zeit relativ. Selbst in eurer Welt, auf euren Milchstraßen und Sternensystemen ist Zeit anders. Auch meine Zeit ist anders als eure. Ich drücke es so aus für dich.

In Wahrheit verhält es sich etwas anders, denn für mich gibt es keine Zeit, denn ich bin Ewigkeit.

Wie du jetzt erkennen kannst, ist mein Körper nicht mit dem Universum gleichzusetzen. Denn es besteht aus meinen Gedanken. Aber es ist auch nicht getrennt von mir, wie du weißt, denn ohne mich gibt es ja nichts.

S.: Oh Herr, wie wunderbar ist Deine Größe!

A.: Bisher sprach ich nur vom sichtbaren Universum. Dieses ist für dich schon unvorstellbar groß. Es gibt daneben und dazwischen und darüber hinaus noch für dich unsichtbare Universen. Man kann sie als geistig bezeichnen. Wer in ihnen aber lebt, der empfindet sie nicht als geistig unsichtbar, sondern als real und sichtbar.

Zwar sind sie nicht materieller Art, so wie du und dein Universum, sondern geistig. Trotzdem aber sehen und fühlen sich diese Bewohner nicht als unsichtbare Geister, sondern sie leben ähnlich wie ihr hier.

Schon auf deinem Planeten Erde gibt es einen geistigen Bereich. Nur selten tun sich ihre Welten auf. Aber die Religionen sind voll von Berichten darüber.

Auf vielen Planeten deines sichtbaren Universums gibt es diese unsichtbaren Welten. Deshalb gibt es gar manche Offenbarungen in euren Religionen von Leben darauf.

Eure Wissenschaftler reisen hinauf und machen

Aufnahmen von ihnen und sehen nur unbemannte Materie. Die unsichtbaren Dinge darauf können sie aber nicht wahrnehmen, genau so wie sie auf eurem Planeten dieses nicht vermögen. Deshalb glauben sie, dass es auf allen Planeten keine Bewohner geben kann. Aber wieso soll ich mir so viel Mühe machen, ein unendliches Universum zu erschaffen, wenn es nur aus leblosen Materiehaufen bestehen würde?

S.: Oh, mein Gott! Wer kann das erfassen?! Sind diese fremden Bewohner alle geistiger Art oder haben sie auch materielle, fleischliche Körper?

A.: Also gut, ich will dir alles genau erklären. Wer genau und präzise Fragen stellt, der ist bereit, exakte Antworten zu erhalten.

Es gibt im weiten, fast unendlichem und materiellem Universum auch fleischliche Wesen wie ihr. Diese sind zum großen Teil intelligenter als eure Rasse.

Viele von ihnen reisen bereits, so wie ihr erst damit beginnt. Viele von ihnen haben euren Planeten auch schon betreten und haben Kontakt mit euch aufgenommen.

S.: Ist das auch heute noch so, dass sie uns besuchen?

A.: Ja, so ist es. Aber wie die meisten Menschen denken, würden sie direkt jedes mal von weit entfernt herkommen. Diese Mühe machen sie sich aber nicht, obwohl es mit ihren Mitteln in unvorstellbar schneller Zeit möglich wäre. Deshalb reduzieren sie ihre Energie, indem sie für längere Zeit auf eurem Planeten verweilen.

S.: Ich dachte immer, diese Berichte wären Spinnerei. Warum berichten die Medien denn nicht davon?
Das wäre doch der Knüller! Nur wenige scheinen sie wohl zu sehen!

A.: Das hat verschiedenartige Ursachen. Viele haben sie schon gesehen, haben aber geglaubt, es wären Menschen von hier.

Viele haben sie gesehen und wollten es nicht wahrhaben und haben geglaubt zu spinnen.

Viele haben sie gesehen und haben es verschwiegen, aus Angst, nicht ernst genommen zu werden.

Wer sich die Mühe machen möchte, kann das alles erfahren, wenn er unvoreingenommen recherchiert.

Diese fremden Wesen kann man aber nur sehen, wenn sie es selbst wollen. Dann begeben sie sich in einen Schwingungsbereich, den ihr erfassen könnt. In den allermeisten Fällen bleiben sie

unsichtbar.

Die materiellen Sternenbewohner verfügen über

eine Kraft, sich unsichtbar zu machen.

Neben den materiellen, gibt es auch geistige

Wesen. Diese bleiben in der Regel verborgen.

Sie vermögen es allerdings auch, sich zu zeigen,

tun es aber meistens nicht. Denn ihr

Aufgabenbereich ist anderer Art.

Gar manche Erzählungen in deiner Bibel

berichten von ihnen als Engelserscheinungen.

Eure Theologen hielten diese Ereignisse bislang

für Mythen und deuteten sie psychologisch oder

philosophisch.

Vieles hat sich aber tatsächlich so ereignet, wie es beschrieben wurde.

S.: Mein Herr und mein Gott! Warum wissen so wenige Menschen davon?

A.: Wie ich dir schon sagte, die Wahrheit kommt nur stückweise zu euch. Eure Auffassung ist noch nicht so reif dafür. Manchen Menschen habe ich schon einiges offenbaren können, weil ihre geistige Entwicklung dazu bereit war.

Ihr würdet euren Kindern auch nicht alles erzählen, was für Erwachsene wichtig ist. So ist es auch bei mir.

S.: Ich vermute, es ist auch nicht so wichtig für die Menschen.

A.: Da sagst du etwas Wahres. Zuerst müsst ihr lernen miteinander auszukommen.

Deshalb habe ich euch die Gebote gegeben.

Erst wenn ihr euch zu friedlichen Wesen entwickelt habt, werde ich euch weitere Erkenntnis zukommen lassen. Würdet ihr jetzt schon alles wissen, würdet ihr es zu unguten Zwecken missbrauchen. Lernt als erste Aufgabe eurer Religion ein friedliches ethisches Verhalten.

S.: Warum fällt es vielen so schwer, friedlich miteinander auszukommen?

A.: Weil ihr ein falsches Denken über das Leben habt. Ihr meint, separate Wesen zu sein.

Ihr glaubt, nicht miteinander verbunden zu sein.

In Wirklichkeit aber seid ihr eine Einheit.

Niemand lebt allein.

Jede Gattung der Lebewesen ist eine Einheit.

Das gilt wie bei euch auch für die Tiere und Pflanzen und für alles, was lebt. Und alle zusammen bilden ebenfalls eine Einheit, zum Beispiel als Zusammenschluss der Erdenbewohner. Auch diese sind, wie du jetzt weißt, keine separate Einheit, sondern sind verbunden mit dem gesamten Kosmos. Und dieser ist verbunden mit mir. Wenn ihr dieser Verbundenheit bewusst wäret, dann würde es euch leichter fallen, friedlich miteinander zu leben.

Alles, was ihr denkt und tut, hat Auswirkungen auf andere Wesen und auf euch selbst. Alles, was ihr anderen tut, sei es gut oder schlecht, das tut ihr euch selbst an. Denn jede Tat hat Rückwirkung auf euch. In euch selbst wird alles gespeichert und kommt irgendwann ans Licht. In euren Religionen spricht man oft von Strafe oder Belohnung für eure Taten, aber in Wahrheit ist das nicht so, sondern ein aufgehender Same, den ihr selbst gesät habt.

S.: Mein Herr, unsere Religion spricht auch davon, dass wir bei guten Taten in den Himmel kommen. Was ist damit gemeint und wo ist dieser Himmel?

A.: Wie alle materiellen Bewohner des

Universums miteinander verbunden sind,

so sind es erst recht die geistigen Wesen.

Alle guten geistigen Wesen bilden zusammen

das, was ihr Himmel nennt.

Da auch ihr im Innern ein geistiges Wesen

seid, könnt auch ihr bereits hier auf Erden

Teil des Himmels sein.

Hier allerdings in unvollkommener Weise.

Wenn ihr eure irdische Hülle abgeworfen habt,

werdet ihr dieses Reich vollkommener spüren

können. Dann seid ihr in Gemeinschaft mit den

geistigen Wesen.

Jeweils nach eurem Entwicklungsstand, gelangt

ihr in unterschiedliche geistige und himmlische

Bereiche. Diese wiederum erstrecken sich über

das gesamte Universum. Ihr könnt Teilnehmer

eures irdischen Ortes oder auf einem anderen

Planeten oder im geistigen Bereich des

Universums sein.

Ihr nennt alles „Himmel", weil ihr keine

passendere Bezeichnung findet. Dieser Himmel

ist aber nicht unbedingt weit weg draußen,

sondern beginnt bereits mitten unter euch. Er ist

überall, aber auf einer anderen Frequenz. So wie

es bei euren Fernsehgeräten ist.

Alle Sender darin befinden sich in euren Räumen

zu Hause und durchdringen sogar euch selbst.

Ihr könnt diese aber nicht erkennen, weil ihr kein Fernsehgerät seid.

So ist es mit dem Himmel. Er ist bereits mitten unter euch, aber ihr seht ihn nicht. Wenn ihr verwandelt seid, werdet ihr alles erkennen.

Es gibt schon jetzt auserwählte Menschen, die mindestens eine Ahnung davon haben und manchmal sogar den Himmel offen stehen sehen können.

In eurer Bibel gibt es viele Beispiele davon.

Stephanus zum Beispiel, als er gesteinigt wurde, sah den Himmel offen stehen und dem Paulus und Johannes und manchen anderen habe ich ähnliches gezeigt. Auch heute geschieht das.

„Mein Reich ist nicht von dieser Welt", hat euer

Herr Jesus Christus gesagt. Das ist wahr.

Denn Ich, dein Gott, bin auch nicht von dieser

Welt. Mein Reich ist weit weg von euch.

Ich wohne in einem Licht - und ich selbst bin

dieses Licht - wo niemand hinzukommen kann.

Es ist über allen Universen.

S.: Aber mein Herr, hast Du nicht gerade gesagt,

dass Du überall bist, selbst im kleinsten Teil. Wer

kann das verstehen?

A.: Ihr Menschenkinder, wie klein doch euer

Verstand ist! Ihr denkt immer, wenn etwas klein

ist, kann es nicht groß sein; wenn etwas geistig ist, kann es nicht fleischlich sein; wenn etwas unendlich ist, kann es nicht endlich und vergänglich sein; wenn ich über allem stehe und mein Reich weit draußen ist, soll es nicht bei dir sein können?

Ihr denkt immer in Teilen. Wenn ihr Plus denkt, meint ihr, kann es kein Minus sein. Das scheint mathematisch richtig. Aber eure Mathematik ist reine Theorie und ihr meint, es kann das Leben abbilden oder beschreiben. Sobald aber mathematische Formeln in die wahrhaftige Praxis überführt werden, kann sie auch falsch sein.

Wenn man zu einer bestimmten Menge Äpfel welche dazutut, spricht man von Plus. Wenn ihr von der gleichen Menge Kürbisse aber welche wegnehmt, spricht man von Minus. Nun, was reine Zahlen anbelangt, ist natürlich von einer Menge Plus mehr und von einer gleichen Menge Minus weniger. Die Zahlen bleiben gleich. Gelangen aber die abstrakten Zahlen in die Wirklichkeit und nehmen Gestalt an, zum Beispiel als Apfel und Kürbis, so kann die Apfelmenge weniger wiegen und weniger Größe besitzen als die Kürbismenge. Dann wäre die Apfelmenge Minus und die Kürbismenge Plus, obwohl man bei ersteren hinzugetan hat und bei den Zweiten weggenommen hat.

Ihr denkt logisch richtig, liegt aber in Bezug zu

allumfassenden Dingen oftmals falsch. Ihr denkt

immer, wenn A richtig ist, muss B falsch sein.

Ihr denkt immer „wenn so, dann nicht anders",

aber wenig „sowohl als auch".

Im geistigen Bereich gibt es diese Teilung nicht.

Und so ist es auch bei mir. Wenn ich bei dir bin,

kann ich gleichzeitig ebenso in meinem

unendlich entfernten Licht sein. Ihr denkt meist

linear. Links ist der Anfang, rechts das Ende.

Beides berührt sich scheinbar nicht.

Wenn ihr aber das Leben als Kreis betrachtet,

dann seht ihr dass Links durchaus das Rechts

berühren kann. Und wenn ich mich in die Mitte

des Kreises setze, bin ich gleichzeitig mit allen

Betrachtern, die sich an der Peripherie befinden,

verbunden. Alle können mich sehen, auch die,

die weit entfernt von dir, am anderen Ende des

Kreises sitzen.

Du siehst also, dass von der Mitte aus, eine

Kommunikation mit entfernt Stehenden möglich

ist. Dann kann man nicht mehr sagen: Wenn ich

hier bin, kann ich nicht woanders sein.

Ich bin überall gleichzeitig. Mein Lichtreich ist in

der Mitte von allem.

Aber dieses Bild ist sehr unzureichend. Für euch

muss ich in Bildern und Gleichnissen reden, wie

es auch Jesus tat. Du musst bedenken, ich erzähle dir von anderen Dimensionen des Seins, die du noch nie erfahren hast. So wenig, wie die Ameise die Mathematik verstehen kann, so wenig verstehst du meine Welt.

Du wirst eines Tages mehr sehen können, wenn die Zeit der Umgestaltung gekommen ist.

S.: Herr, Deine Lehre ist so spannend. Ich habe vorher noch nie so etwas gelehrt bekommen.

A.: Das liegt daran, dass wenige so genau mich danach fragen. Ihre Köpfe sind so voll mit ihren eigenen Glaubenssätzen, dass kein

Platz mehr für meine Worte ist.

S.: Herr, Du redest viel von Jesus.

War er nur ein Mensch oder war er, wie

manche glauben, auch Gott?

Ist er nur für die Menschen in Israel wichtig,

oder auch für die anderen Völker?

Und wie ist er es für das ganze Universum?

Ist er nur für unseren Planeten Erde wichtig,

oder für alle kosmischen Reiche?

A.: Du fragst so viel auf einmal! Das wird für dich

bestimmt noch schwerer zu verstehen sein.

Jesus, oder wie er in Israel hieß, Jeshua, ist zuerst

für diese Menschen vor Ort gekommen. Er wurde

als der verheißene Messias erwartet. Am Ende

seines Lebens wollte er aber für alle Menschen auf

eurer Welt da sein.

Er hatte die Aufgabe, alle Menschen von ihren Sünden zu befreien. Das bedeutet, dass die Menschheit im geistigen Bereich sehr viel Negatives angesammelt hatte, so dass sie durch das Gesetz von Ursache und Wirkung hätte sehr viel leiden müssen. Jesus hat dieses Gesetz kraftlos gemacht, indem er sich stellvertretend für alle aufgeopfert hatte. Das Leiden, was für die Menschen bestimmt war – durch ihre eigenen Taten – hat er auf sich genommen. Er hätte es nicht tun brauchen, aber er war voller Liebe und Mitleid für alle Wesen, dass er das Leid von ihnen nehmen wollte.

Er konnte das tun, weil er Mein Sohn war. Ich gab

ihm Vollmacht dazu. Mein Gesetz des Universums ist in Ewigkeit gültig. Deshalb konnte mein Sohn nicht einfach sagen: Ihr seid frei, sondern musste diese Freiheit so bewirken, dass er stellvertretend die Strafe auf sich nahm. Mit Strafe ist gemeint: Das Gesetz der Wirkung böser Taten. Diese Wirkungen können sehr schmerzhaft sein, deshalb war nur eine Tilgung durch Schmerz möglich.

Zwar hat Jesus für die Menschen damals gehandelt, aber wer auch immer heute an ihn glaubt, für den gilt diese Sühnung ebenfalls. Auch gläubige Menschen können nicht vollkommen sein und sie machen vieles, was eine negative Wirkung nach sich ziehen muss, sodass sie nicht zu mir kommen könnten, wenn sie den sterblichen Leib verlassen. Sie müssten die Folgen ihres Tuns bitter ertragen. Mein Sohn macht ihnen aber zu allen Zeiten das Angebot, sich ihm anzuvertrauen. Wer immer ihm gläubigen Herzens folgt, wird in mein Reich kommen dürfen.

Viele Menschen verstehen auch nicht, dass Ich, Gott, einen Sohn haben kann. Das liegt daran, dass diese meinen, dass ich ihn durch einen Geschlechtsakt gezeugt hätte. Aber das war natürlich nicht so.

Meine Zeugung war geistiger Art. Durch meinen

Willen habe Ich Jesus in den Leib Marias gesetzt.

Euer Glaube, dass Jesus zugleich Gott und

Mensch war, ist richtig. Denn ich habe meinen

Geist in ihn gelegt.

Manche meinen, dass ich ganz und gar in ihm

war, so sehr, dass ich mich nicht mehr wo anders

im Kosmos hätte aufhalten können. Aber wie du

bisher weißt, bin ich doch überall gegenwärtig. So

auch damals. Wenn ich sage, ich war und ich bin

überall, dann könnte mancher meinen, dass ja

dann jeder Gottes Sohn oder Tochter sei. Dazu sei

dir gesagt, dass es sehr wohl Differenzierungen

gibt. Quantitativ bin ich überall, qualitativ aber

gibt es Unterschiede.

Du hast auch die Frage gestellt, ob Jesus auch in anderen Welten des Kosmos Gültigkeit hat.

Bedenke bitte eines: Andere Welten haben andere Entwicklungen. Manche sind so vollkommen, dass sie eine Erlösungstat, wie sie auf eurer Erde nötig war, nicht brauchen. Andererseits: Aber ja, ich bin auch auf vielen anderen Planeten, seien sie geistig oder materiell, als meine Inkarnation gegenwärtig.

Dort, wo die Bewohner noch nicht gelernt haben, mich von Angesicht zu Angesicht sehen zu können, dort bin ich als „Hineingeborener" zu ihnen gekommen. Denn wie sonst sollten sie mich sehen oder eine Vorstellung von mir bekommen können? Wenn du also fragst, ob Jesus auch auf anderen Planeten war und ist, musst du gleichzeitig bedenken, dass das seine geistige Wesenheit betrifft. Körperlich kann er dort anders erscheinen oder einen anderen Namen haben, jedoch sein Wesen ist immer gleich.

Wenn ich dir nun sage, dass er gleichzeitig überall leben kann, wird dich das noch mehr verwirren. Vielleicht verstehst du es, wenn ich dir sage, dass das auch auf deiner Erde so ist. Wenn du nämlich zu ihm betest, meinst du denn, dass er dann nur bei dir sei und nicht bei einem anderen, der zur gleichen Zeit betet?

Sein Wesen ist ja göttlich, also ein Teil von mir.

Und ich bin überall. Ich sage dies dir immer und immer wieder, denn das ist die Essenz all dessen, was ich dich bisher gelehrt habe.

S.: Oh Herr, Du hast recht. Es ist zu viel auf einmal. Mein Kopf schwirrt.

A.: Gebrauche nicht so sehr deinen Kopf. Folge deinem Herzen. Dein Herz weiß das alles bereits. Ihr Menschenkinder habt das aber alles beiseite geschoben, weil ihr meint, dass nur euer Kopf die Wahrheit erfassen kann.

S.: Herr, Kopf verstehe ich, aber Herz? Es ist doch ein Organ, das für die Blutversorgung zuständig ist. Wie kann man mit einem Organ denken?

A.: Wie kannst du mit deinem fleischlichen Gehirn denken? Es geht genauso wenig, wie mit deinem Herzen. Von sich aus kann dein Gehirn auch nicht denken.

Es ist dann wie ein Fernsehapparat, der keine Antenne hat. Alles, was du denken kannst, kommt aus einer geistigen Sphäre, kommt aus deinem höheren, geistigen Selbst. Dieses ist nicht auf den Kopf beschränkt, sondern kann genauso gut mit dem Herzen empfangen werden. Es ist auch nicht euer fleischliches Herz, sondern euer geistiges Herz gemeint. Ihr besitzt neben dem materiellen Körper auch einen geistigen Körper. Dort habt ihr ebenfalls ein Herz und ein Hirn und alles andere auch. Der Geistkörper liegt über eurem Fleischkörper und durchdringt ihn, so dass beide eine Einheit bilden. Wenn ihr nun mit eurem Herzen denkt, dann tut ihr das mit eurem inwendigen geistigen Herzen.

Ihr habt dafür ein Wort. Ihr nennt es Intuition.

Das Wort bedeutet Eingebung. Unbewusst

benennt ihr das völlig richtig. Denn eure

Gedanken kommen nicht aus euch, aus eurem

fleischlichen Denkapparat, sondern aus dem

höheren Geist. Deshalb benennt ihr es völlig

richtig: Eingebung. Denn ihr bekommt es - von

außen, vom Geist - eingegeben.

S.: Herr, alles, was ich von Dir gesagt bekomme,

ist sehr neu für mich. Kein Lehrer hat mich so

etwas je gelehrt.

A.: Zu früheren Zeiten waren diese Weisheiten jedem bekannt. Ihre Intuition war viel ausgeprägter als heute. Ihr lebt heute in einer Zeit der geistigen Schwachheit. Aber wer immer wirklich will, kann auch unter euch noch die höheren Wahrheiten finden. Aber ich sage dir, es ist dennoch nicht sehr leicht. Viele sogenannte Lehrer lehren Halbwahrheiten. Sie haben manchmal viel Wahres erkennen können, und trotzdem setzen sie ihre Erkenntnis in ein falsches Licht. Viele benutzen ihre eingebildete Erkenntnis um anderen zu schaden.

Aber wo immer dieses geschieht, kann ich dir mit Gewissheit sagen, dass sie keine vollkommene

Wahrheit erkannt haben. Denn hätten sie dies,

wäre ihr Trachten warmherzig und gütig allen

Wesen gegenüber.

An ihren Früchten könnt ihr sie erkennen.

S.: Herr, Du sprachst von früheren Zeiten,

in denen die Menschen weiser waren als heute.

Unsere Wissenschaftler aber vermitteln uns

ein anderes Bild. Sie sagen immer, in unserer

Zeit wüssten wir mehr als die Menschen früher.

Welche Zeit meinst du eigentlich, wenn du von

früher sprichst? Meinst du denn die sogenannten

Steinzeitmenschen oder Neandertaler?

A: Schau dir die Bauten an, die noch existieren.

Kein Bauherr könnte zum Beispiel heute eine

Pyramide herstellen, wie sie vor euch steht.

Nicht in der selben Zeit und nicht in derselben

Präzision. Selbst wenn sie es könnten, würde

ihr Bauwerk niemals so lange existieren können

gegen Verwitterung und Erdbeben.

Es gab in früher Vergangenheit bereits

Zivilisationen, die weiter entwickelt waren

als ihr. Aber in ihrer Dekadenz haben sie sich

selbst zerstört.

S.: Dabei kommt mir gerade ein Gedanke in den

Sinn, den ich schon lange in mir trage: Warum

gibt es so viel Leid auf der Welt? So viel Schmerz,

so viel Krankheit, so viel Krieg und Zerstörung

und Verletzungen? Warum tust du nichts

dagegen? Weißt du denn nicht, wie unerträglich

manchmal Schmerzen sind? Und warum lässt du

es zu, dass Deine gläubigen Kinder so viel Leid

und Krankheit erfahren müssen. Sie sind es auch,

die in dieser Welt am meisten verfolgt werden.

Sollten diese es nicht sein, die unter Deinem

besonderen Schutz stehen? Wenn ich an das viele

Leid denke, dass Deine Wesen durchleben

müssen, auch die Tiere, dann kann ich oft nicht

an einen liebenden Gott glauben. Dieses ganze

Fressen und Gefressenwerden unter den

Kreaturen und dieses viele Leid in den

Hospitälern der Welt und ungesehen in den

verschlossenen Häusern. Diese Welt kommt mir

oft vor, wie eine Vorhölle, in der es nur ab und zu

einige freudige Dinge gibt. Diese Welt ist nicht

auszuhalten, würden uns ablenkende alltägliche

Strukturen, wie Arbeit und Beschäftigung, genommen. Wer sich zurückzieht von den Ablenkungen, der würde verrückt werden, weil er sich selbst und das pure Sein, so wie es sich darstellt, nicht aushalten könnte.

A.: Mein lieber Schüler! Ich habe dich ausreden lassen. Denn du hast gute Gedanken und du hast vieles richtig erkannt und beschrieben. Ja, du hast recht. Diese Welt, in der du lebst, ist in höchstem Maße unvollkommen und sie entspricht in keinster Weise der Welt, die für euch Menschen bestimmt ist. Sensible Gemüter wie du, können diese Unvollkommenheiten fühlen und sie müssen sie manchmal auch leidend durchleben.

Du musst aber wissen, dass diese Welt niemals von mir so gewollt war, als ich alles erschuf. Ich habe euch Wesen eine vollkommene und freudenreiche Welt bereitet. Diese Welt wartet immernoch auf euch. Denn sie existiert fortwährend und von Ewigkeit an.

Sie, mit ihren Bewohnern wartet schon seit langer Zeit auf den Augenblick, wenn sie euch endlich wieder in ihre Arme schließen darf. Vor langer Zeit lebtet ihr bereits auf ihr. Doch ihr zogt es vor, sie zu verlassen.

Ihr wolltet selbst ein Schöpfer sein und eure

eigene Welt kreieren. Obwohl ich wusste, dass ihr euch unglücklich machen würdet, ließ ich es zu. Denn niemals hättet ihr mir Glauben geschenkt, wenn ihr es nicht selbst erführet.

Mein lieber Schüler, aber noch eines sollst du wissen: Dieses Leid ist eine heilsame Medizin. Und es ist vorübergehend. Und im Lichte der Unendlichkeit ist diese Zeitspanne ein kurzer Wimpernschlag. Du siehst nicht das Heilende in ihm. Gäbe es das Leid nicht, so hättet ihr keinerlei Sehnsucht und nicht den Wunsch, diese unvollkommene Welt zu verlassen. Diese Welt ist nicht eure wahre Heimat. „Selig, die Leidenden" hatte mein Sohn zu euch ausgerufen. Aber kaum einer verstand. Der Schmerz und die Trauer sind eure Helfer auf dem Weg zur Vollkommenheit. Sensible Gemüter dieser Welt spüren ganz genau, dass dies hier nicht ihre wahre Heimat ist. Sie fühlen ganz genau, dass sie ihren geistigen Vater und ihre geistige Mutter zurück gelassen haben. Welches Kind, das von seinen Eltern getrennt wurde, lässt sich mit schönem Spielzeug ablenken von seinem Schmerz? So ist es auch bei denen, die keine Freude auf dieser Welt spüren, denen nichts wahre Erfüllung schenkt. Sie taumeln von einer Sinnenfreude zur nächsten und von einer Sucht zur anderen, ohne auf Dauer inneren Frieden zu finden und wahre Freude.

Sie fühlen sich verloren und sind es auch.

Aber sie sind nicht in sich verloren, sondern

sie spüren, dass sie ihre wahren geistigen Eltern

verloren haben und ihre wahre geistige Heimat,

in der allein sie die wahre vollkommene Freude

finden können.

Ich habe euch zur Linderung die Religion

geschenkt. In ihr will ich mich euch in

Verborgenheit zeigen.

Eure fleischlichen Sinne können meine

Gegenwart nicht vollständig empfinden. Aber ich

bin vollständig darin bei euch. Es liegt an euch,

dass ihr mich nicht seht und spürt. Denen, die

genug Glauben haben, dies zu verstehen, denen

kann ich schon jetzt und hier nahe sein. Aber diese Freude steht in keinem Verhältnis zu der Freude, die ich für euch in meiner Welt und in eurem zukünftigen Zuhause bereitet habe.

Haltet es aus! Maranatha, wisset, dass dieser Welt Leiden die Geburtswehen zur neuen Welt sind.

Ein jeder, der unverschuldet leidet, befindet sich in den Geburtswehen aus der Dunkelheit zum Licht. Verzweifelt nicht an eurem Leid! Und lasst euch nicht verführen, eurem Schöpfer Vorwürfe zu machen.

Ein jedes Ungeborene weigert sich, den dunklen und schützenden Mutterleib zu verlassen.

Es nützt ihm aber nichts. Würde es verbleiben,

so müsste es sterben. Denn es ist dazu erwählt, ins Licht dieser Welt zu treten. Bevor es das tut, muss es aber erst durch einen Tunnel voller Schmerz.

Und auch die Gebärende muss durch diesen schmerzensreichen Prozess hindurch. So ist es auch, wenn ihr in eure wahre endgültige Heimat gelangt. Dieses gesamte Leben hier auf eurer Welt, ist die Spanne einer Geburtswehe, eine Spanne, voller Schmerz und Leid. Euch mag es lange vorkommen, aber es ist sehr sehr kurz im Lichte meiner Ewigkeit.

Ihr klagt und hadert mit dieser Tatsache. Aber ich will euch eine Wahrheit mitteilen: Jeder, der hier auf Erden viel Leid erfahren muss, egal ob selbstverschuldet, fremdverschuldet oder anders, der wird um so mehr von mir getröstet und mit Freude entschädigt werden.

Denn ich habe das Gesetz des Ausgleichs gesetzt. Niemand wird ohne Entschädigung und doppelter Belohnung von dannen gehen.

Deshalb sage ich: Freuet euch und hadert nicht mit eurem Schicksal.

Tut, was ihr könnt, um euch gegenseitig zu trösten und zu heilen. Und wer das Geheimnis des Leids versteht, der kann Heilung erfahren; manchmal direkt und körperlich spürbar, aber manchmal auch seelisch und geistig.

S.: Herr, wenn alle Menschen gleich leiden

würden, könnte ich Deine Worte verstehen.

Aber mir scheint, dass die Menschen

unterschiedlich Leid erfahren und Glück.

Manche leben in Luxus und Gesundheit und

Freude und manche in Slams oder Höhlen als

Aussätzige oder aber auch in Krankenhäusern

und Pflegeheimen in immerwährenden

Schmerzen.

A.: Es gibt Geheimnisse, die ich euch

Erdenkindern noch nicht anvertrauen kann.

Aber eines sollst du wissen: Ich behandle einen

jeden als Individuum. Je nach seiner geistigen

Entwicklung bekommt er von mir Lektionen des Lernens. Niemals wünsche ich es, dass jemand Schmerz erleidet. Jeder Schmerz ist zugleich mein eigener Schmerz, weil ich mit einem jeden Wesen verbunden bin. Die eigensüchtigen Taten meiner Kinder sind es, die Leid verursachen. Ich sagte dir bereits, dass jede Tat eine Folge hat. Jede Tat, jeder Gedanke, jedes Gefühl. Es gibt noch viele andere Faktoren, die eine Rolle spielen.

S.: Gibt es Möglichkeiten der Linderung und Heilung?

A.: Ich habe euch immer diese Möglichkeiten

gegeben. Ich sandte euch Ärzte und Ratgeber.

Und ich gab euch das Gebet. Durch die

Fürsprache der himmlischen Bewohner, durch

das Handeln meines himmlischen Sohnes und

durch Mich direkt, habt ihr ständig die

Möglichkeit, Linderung und manchmal auch

Heilung zu erfahren. Im Gebet gebe ich euch

Weisungen an euer höheres Selbst, eure Seele.

Wenn ihr bestimmte Lektionen gelernt und

bestimmte Erkenntnisse erfahren habt, kann euer

Leid gelindert oder geheilt werden.

Wer nie betet und meine Gegenwart nicht sucht,

wird lange in seinem Leid bleiben müssen,

manchmal bis ans Ende seines Lebens.

S.: Herr, mein Gott. Ich kenne viele, die beten

täglich inständig und verzweifelt zu Dir. Und ihr

Leid wird nicht weniger. Und wie war es mit

Hiob, der in Deiner Bibel beschrieben wird. Auch

er musste leiden, obwohl er, wie Du selbst sagst,

ein gerechtes und Gott wohlgefälliges Leben

führte.

Und selbst Dein auserwähltes Volk hat

Jahrhunderte lang Verfolgung, Unterdrückung

und Leid erfahren müssen.

Ich bin verzweifelt, wenn ich daran denke und ich

bin in Zorn gegen Dich, oh Herr, weil Du nicht eingreifst und nichts tust. Ich leide darunter, dass andere leiden und will nicht glücklich sein, wenn viele auf der Welt leiden müssen.

A: Du hast eine Seele, die das Leid anderer aufsaugen möchte. Du hast eine Seele, die lieber selbst leiden möchte, als dass es anderen schlecht geht. Es gibt viele deiner Art auf Erden und nur durch sie ist das Leid auf der Welt einigermaßen erträglich. Jesus hatte auch diese Seele. Denn er wollte auch lieber selbst leiden als andere leiden zu sehen.

Aber du musst aufpassen. Du bist nicht verantwortlich für das Leid der Welt. Du musst es mir überlassen. Ich bin ein gerechter Gott. Auch wenn vieles vordergründig nicht verstehbar ist, so hat alles einen tieferen Sinn.

Ich will dir noch ein weiteres Geheimnis anvertrauen: Es geschieht kaum etwas ohne Grund. Fast kein Leid geschieht aus Versehen oder Zufall.

Selbst die scheinbar guten Menschen leiden meist nicht ohne Grund. Oft sind es sogar die, die Mir nachfolgen, die besonderen Situationen begegnen. Mein Sohn Jesus hat zu seinen Jüngern gesagt: „Ich sende euch wie Schafe unter die Wölfe".

Und mein auserwähltes Volk und Jesu Nachfolger werden auf der ganzen Welt verfolgt und sogar gehasst. Du kannst an den Reaktionen der Völker ihnen gegenüber erkennen, ob sie eine richtige Einstellung zu Mir haben.

An ihnen entscheidet sich die Zukunft der Welt.

Mein Sohn war ein Jude. Und jeder Hass gegenüber den Juden und den Jüngern Jesu ist ein indirekter Hass gegenüber Ihm und Mir.

Es gibt viele Arten des Leides. Eine habe ich dir gerade beschrieben. Aber auch dieses Leid hat eine Ursache.

Ich sandte meinen Sohn zu den Juden und sie nahmen ihn nicht auf. Das wurde schon von vielen Propheten vorhergesagt.

Seine Kreuzigung verursachte die Zerstörung des Tempels und führte zur Vertreibung aus der Heimat. Nach dem Höhepunkt ihres Leids, brachte ich sie wieder in das Land, das ich ihnen früher gegeben habe.

Wenn die Kinder dieser Welt nicht aufhören, meine Auserwählten vernichten zu wollen, wird es zu einer endgültigen Schlacht kommen.

Das wird der größte Krieg werden, den es

bislang je gegeben hat.

Dann wird es zu der Schlacht kommen, wo nicht

nur weltliche Heere gegeneinander kämpfen

werden, sondern es wird eine kosmische Schlacht

werden, wo himmlische Heere eingreifen müssen.

Dieser Krieg wird nicht nur dort stattfinden,

sondern in der ganzen Welt. Hier wird dann klar

werden, wer auf der rechten Seite steht. Die

Feinde der Wahrheit werden sich bis zu diesem

Zeitpunkt auf der ganzen Welt verteilt haben

und werden von dort aus Einfluss auf allen

Ebenen nehmen. Dann ist es nicht mehr möglich,

dass ein Land gegen ein anderes kämpft, sondern dann gibt es in jedem Land Aufruhr.

In meiner Heiligen Schrift habe ich euch vorausgesagt, dass es eine schlimme Zeit werden wird. Dann werden die Leiden, die ihr jetzt empfindet, um ein vielfaches geringer erscheinen. Es ist dann die Stunde der letzten Wehen, bevor das wahre Licht der neuen Welt erblickt werden kann.

S.: Herr, mein Vater, bist Du es, der das Leid bringt?

A.: Von mir geht nie Leid aus! Alles Leid wird

verursacht durch euch selbst. Ihr seid die

Schöpfer des Leids. Ihr lebt in einer Welt, wo das

Gesetz von Ursache und Wirkung herrscht. Ihr

lebt in einer Welt, wo alles aufeinander bezogen

ist. Wenn ihr also Böses tut, wird euch ebenfalls

Böses geschehen. Wenn ihr Gutes tut, wird euch

Gutes vergolten werden.

In eurer Welt gibt es viele Ursachen von Leid.

Das persönliche und ebenfalls das kollektive.

Ihr erzeugt das Leid, wenn ihr aus der

Verbindung mit der göttlichen Welt herausfallt.

Aber auch müsst ihr leiden, wenn euer Staat

Unrechtes tut, selbst wenn ihr persönlich nichts

verbrochen habt.

S.: Herr, was kann man tun, um wieder heil zu werden?

A.: Betet! Wenn ihr betet, öffnet ihr euch für die göttliche Welt und es wird euch Hilfe zuteil werden.

S.: Herr, manche Theologen sagen, dass man nicht beten muss. Denn Du, oh Herr, lenkst ja das Universum und Du machst alles allein.

A.: Das Geschick der Welt ist eine Mischung aus meinem Willen und eurem Willen, aus deinem persönlich und aus den Völkern.

Deshalb ist es wichtig, dass ihr betet, damit dadurch das Gute eintreten kann. Das betrifft die Welt, in der ihr lebt.

In einer höheren Welt, die mir näher ist, gibt es dieses Wirrwarr nicht, dort herrsche ich allein in Übereinstimmung aller meiner Kinder.

S.: Herr, in der Bibel steht, dass Du alles verursachst. Du bestrafst die Menschen und dein Volk, wenn es nicht tut, was du verordnet hast.

A.: Ja, so steht es darin. Manchmal greife ich in das Weltgeschehen ein und manchmal auch in das Geschick der Einzelnen. Das geschieht aus

Erziehungsgründen. Aber meistens sind die vermeintlichen Übel deiner Welt die Folge eurer Gedanken und Handlungen. Dennoch geschieht nichts ohne meine Zustimmung, denn wie du bereits weißt, bin ich gegenwärtig in allem.

S.: Herr, wenn Du Deine Zustimmung dazu gibst, dann bist Du auch verantwortlich.

A.: Ich habe euch aus dem Paradies gewiesen, damit ihr lernt. So, wie ihr es wolltet, lasse ich zu, was gut und böse ist, zu erkennen. Ihr müsst die Folgen eures Handelns spüren, damit ihr versteht. Ich bin euer gerechter und strenger

Vater, der euch erzieht.

Aber nichts geschieht ohne meine Liebe zu euch, denn alles, was ich zulasse, dient eurer Vervollkommnung. Eines Tages werdet ihr aus diesem Traum erwachen und ihr werdet die wahre Welt verstehen.

S.: Aber Herr, das Leid in der Welt...das viele Leid....

A.: Ich weiß, mein guter Schüler, ich weiß, es ist schwer zu verstehen. Auch ich leide mit jedem Leid meiner Kinder mit, glaube es mir. Denn ich habe euch als mitfühlende Wesen erschaffen.

Kann ein Gott, der euch so erschuf, denn ohne Mitgefühl sein? Alle eure Regungen sind mir bekannt. Alle eure Schmerzen, all euer Leid, das viele Leid...

Noch eines, mein Schüler, sollst du wissen: Eine leidvolle Erfahrung oder ein Schmerz trägt wesentlich mehr dazu bei, schneller errettet zu werden, als ein permanent glückliches Leben. Ich sehne den Tag herbei, wo ihr endlich so weit seid, dass eure Geburtswehen ein Ende finden und ihr endlich bei mir in der Glückseligkeit seid.

S.: Kannst Du nicht einfach mit dem Finger schnippen und alles Leid ist vorbei?

A.: Das kann ich tatsächlich, mein lieber Schüler.

Aber ihr hättet nichts davon. Ihr müsst selbst die

Erfahrung machen, sonst fallt ihr wiederum

zurück in diese Welt der leidvollen Erfahrung.

Ich habe euch zu lebendigen Wesen erschaffen,

nicht zu Robotern. Ich habe euch aber auch

Hilfen gegeben.

Ihr findet Hilfe bei empathischen Mitmenschen,

aber auch findet ihr Hilfe im Gebet. Wer das

Gebet sucht und meine Nähe, der ist bereits auf

dem Weg zur Rückkehr in mein verheißenes

Land. Manchmal, wenn ich es für richtig halte,

lasse ich sodann Wunder geschehen.

S.: Herr, für mich erscheint alles sehr willkürlich und unlogisch. Ich kann ja verstehen, dass Menschen, die böses getan haben, Leid erfahren. Aber oft leben sie ein scheinbar gutes Leben. Aber ich kann nicht verstehen, dass die Gerechten, also die, die sich an Deine Gebote halten, leiden müssen.

A.: Lass dir fürs Erste gesagt sein: Das Leid ist nicht immer und überall bei jedem nur negativ. Du kannst nicht alles verstehen. Lass dir nur gesagt sein, dass alles meinem geheimen Plan folgt und alles ein Ziel hat: Mein Reich. Das Reich Gottes, von dem mein Sohn gesprochen hat.

S.: Ja, Herr, ich verstehe, dass ich nicht alles verstehen kann, weil ich ja nicht Gott bin.

Ich will Dir nur vertrauen, dass Du alles richtig machst und dass alles zum Guten hin führt.

Aber ich habe eine weitere Frage: Du sagtest vorhin, dass wir, wenn wir in Deine Welt kommen, aus einem Traum erwachen. Ist dieses Leben denn nur ein Traum? Leben wir, Herr, in einer Matrix? Also, ich meine, in einer Welt, die nicht real ist?

A.: Jede Welt, die ich erschaffen habe, ist auf ihre Art real. Solange ihr im Schlaf träumt, solange seid ihr dort in der Realität des Traumes.

Und wenn ihr erwacht, seid ihr in der Realität des Wachseins. Und wenn ihr zu mir kommen werdet, seid ihr sodann in der Realität meiner Welt. Wie du siehst, gibt es verschiedene Ebenen der Realität. Sie reichen von einer geringen Stufe des Bewusstseins zu höheren Stufen. Sie reichen von Nebel bis zum wolkenlosen Himmel - bildlich gesprochen. Sie reichen auch von Grobstofflichem zu Feinstofflichem, von Materie zum Geist, von deiner Welt zu meiner Welt.

Jedesmal, wenn ihr von einer niederen Welt in eine höhere kommt, habt ihr das Gefühl, dass die zurückgebliebene nur ein Traum war und die, in der ihr jetzt seid, die wahre Welt. Wenn ihr jedoch wiederum höher steigt, wird diese wahre

Welt wie ein Traum empfunden, weil ihr dann

in einer noch wahreren Welt wohnt.

Und wenn ihr ganz nah bei mir sein werdet,

wird euch das gesamte Vergangene als Traum

erscheinen, weil ich die absolute Realität und

Wahrheit bin.

S.: Herr, mein Gott, das verstehe ich. Mich würde

interessieren, wie denn Deine Welt aussieht, wo

du wohnst, also ich meine das Reich Gottes.

A.: Das kannst du erst verstehen, wenn du

die höhere Entwicklung des Bewusstseins

abgeschlossen hast.

Du bist noch in der Realität deiner materiellen Welt eingeschlossen. Deine Begriffswelt kann die Meinige nicht im Geringsten begreifen. Deshalb habe ich zu euch stets in Bildern gesprochen und in Gleichnissen.

Du solltest aber wissen, dass eine Antwort auf deine Frage, auch wenn sie von mir kommt - also von Gott - stets unvollkommen sein muss.

S.: Ach bitte, Herr, sage es trotzdem.

A: Also gut: Am ehesten kannst du es verstehen,

wenn ich vom Licht spreche. Mein Reich ist ein

Lichtreich. In ihm gibt es keine Dunkelheit.

Dieses Licht ist so intensiv, dass es nur die

allervollkommensten Wesen ertragen können.

Deshalb kann kein Mensch, wenn er

unvorbereitet zu mir kommen sollte, meine

Anwesenheit ertragen. Er muss zu allererst

einen Prozess der Reinigung durchmachen.

Und ein zweites Bild will ich dir von meinem

Reich geben: Ebenfalls leuchtet alles golden.

Alle Gebäude sind aus reinem Gold. Nichts

Verunreinigtes gibt es mehr dort. Deshalb

erscheint mein Reich in den Visionen der

Propheten das „Himmlisches Jerusalem" als

Goldene Stadt. Und deshalb sind eure Altäre

auch meist aus Gold. Es sind Sinnbilder meines

Reiches. Diese können über mich mehr aussagen,

als tausend Wortpredigten. Reißt sie deshalb

nicht ab, weil ihr vielleicht denkt, dass es

Verschwendung sei. Macht keine Altäre aus Plastik oder unreinen Materialien.

Schon damals ließ ich euch eure Tempel und die Bundeslade aus reinem Gold herstellen, als Sinnbilder der Reinheit. Lasst euch nicht von den modernen Kirchenstürmern beirren. Viele von ihnen möchten nicht nur die gegenständlichen Zeichen meines Reiches abreißen, sondern auch die Riten verwässern und verweltlichen. Sie wissen nämlich nicht, dass in ihnen Geheimnisse verborgen sind. Es sind Geheimnisse, die meine Gegenwart vermitteln.

S.: Ach Herr, wie wunderbar ist Deine Welt. Sag mir doch bitte, wie ich dort hin kommen kann!

A.: Sagt deine Bibel dir das denn nicht?

S.: Ähm, ja. Aber da steht darüber so viel Verwirrendes und Unverständliches, so dass sich die Religionsgelehrten darüber nicht einig sind.

Manche meinen, dass man nicht aus eigener Kraft in Dein Reich gelangen kann; andere dagegen , man muss viel meditieren oder mehrmals geboren werden; manche sagen, nur aus purer Gnade kann man quasi unverdient dort hin kommen, wieder andere denken,

man muss ein reines Leben führen, soll nur

Gutes tun und keusch leben; und wiederum

andere meinen, man muss geistig wiedergeboren

sein. Jeder hat so seine Vorstellungen und die

religiösen Denkschulen streiten sich bisweilen

auch darüber. Jeder meint, die richtige

Vorstellung zu haben und wirft anderen vor,

nicht in Dein Reich kommen zu können.

A.: Ja, all das liegt daran, dass euer Bewusstsein

verschieden ist. Wäret ihr in meiner Welt, so

würdet ihr sehen, dass viele eurer Vorstellungen

nur für euch ein Widerspruch sind und dass in

der Wahrheit sich vieles auflöst.

S.: Ach Herr! Erkläre mir doch bitte, wie sich alles verbindet und auflöst. Lass mich doch die Widersprüche verstehen, damit ich in Dein Reich kommen kann.

A.: Oh, mein Kind. Ich will versuchen, es dir in deine Dimensionen zu übersetzen. Ich will es ganz einfach darstellen und im Gleichnis reden, so wie mein Sohn es auch schon getan hat, als er unter euch weilte.

Es ist im Grunde ganz einfach: Wer zu mir kommen will, der kann kommen.

Wer sich zu Lebzeiten für mich geöffnet hat

und mich eingelassen hat in sein Herz, der kann

sofort nach seinem Ableben zu mir kommen.

Man kann es nochmals ganz einfach ausdrücken:

Welchen „Gott" jeder verehrt hat, der wird sein

Schicksal bestimmen. Solch ein „Gott" ist alles,

woran ein Mensch sein Herz hängt.

S.: Herr, das verstehe ich nicht. Ist denn die ganze

Welt voller Götter?

A.: Das ist ein Gleichnis. Du musst diese Aussage

im übertragenen Sinn verstehen. Mit anderen

Worten: Alles, was du liebst, hat Macht über dich.

Diese Macht wird dein zukünftiges Leben

bestimmen.

Noch anders gesagt: Wenn du hinüber gehst

in die geistige Welt, wirst du dich unter

Deinesgleichen befinden, möglicherweise auch

dort, wo nicht mein Reich ist. Es ist zwar alles

meine Welt, denn ich bin unbegrenzt, aber meine

Glückseligkeit ist dort nicht zu finden.

S..: Ich verstehe das so: Man braucht also nichts

zu tun, keine guten Taten oder so und man kann

frei leben, wie man will, alle Gebote der Bibel

missachten, wenn man nur mit Dir verbunden

ist, wenn man Dich verehrt und anbetet oder so.

A.: Es wird Zeit für mich zu gehen. Ich habe dir genügend Antwort gegeben.

Du wirst noch viel darüber nachdenken, wirst irgendwann einiges vergessen und irgendwann werden meine Worte wieder lebendig in dir werden.

Als Abschluss gebe ich dir noch ein paar Worte mit auf den Weg:

Damit du richtig handeln kannst und nicht immer wieder fragst, was du tun musst, um zu meinem Licht zu kommen, sage ich dir folgendes:

Versuch mal, Böses zu tun, zu betrügen, zu lügen, zu töten und so weiter und zur selben Zeit mit mir zu reden, zu mir zu beten und mit mir Kontakt aufzunehmen. Dann wirst du sehen, dass das nicht geht.

Du wirst sehen, dass deine Taten den Weg zu mir versperren. Ebenso wirst du sehen, dass gute Handlungen nicht nur anderen gut tun, sondern dir selbst. Wenn du ein empathisches Leben führst, also mitfühlend bist und einfühlend allen Lebewesen gegenüber, dich also stets fragst, wie sie leiden und wie du ihr Leid lindern kannst, dann handelst du richtig und dein Handeln wird dich nach und nach frei machen und dir den Weg zu MIR zeigen.

Ich bin ein ewiges Licht, das jedem zugänglich ist, wenn er sich mir öffnet und das auch dann scheint, wenn der Weg durch schlechte Taten versperrt ist. Diese Taten stellen sich vor das Licht, das dich erleuchten möchte, und so werfen sie Schatten zu dir und du wirst in Dunkelheit leben. Stelle dich nun vor mich und schau mich an, du wirst dann nur mein Licht sehen und alles ist gut. Wendest du dich von mir ab, dann wird dein eigener Schatten deine Wirklichkeit sein.

Ich aber bleibe immer gleich, ein ewiges, wärmendes, erleuchtendes Licht voller Liebe und Gnade.